INVENTAIRE
V 46,177

REVUE GÉNÉRALE

DE FABRIQUE

D'après l'Exposition Universelle de 1855.

V

46177

REVUE
GÉNÉRALE
DE
FABRIQUE

d'après

L'EXPOSITION UNIVERSELLE DE 1855,

Par

MASSARD,

MEMBRE DU CONSEIL DES PRUD'HOMMES
DE LYON.

BIBLIOTHÈQUE IMPÉRIALE
IMPR.

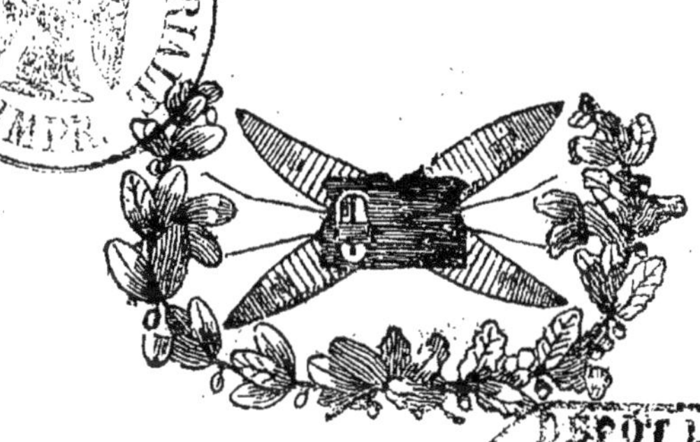

DEPOT LÉGAL
Rhône
N° 376
1857

LYON,
IMPRIMERIE ET LITH. DE TH. LÉPAGNEZ,
PETITE RUE DE CUIRE, 10.

1857.

PRÉFACE.

Bien des rapports, bien des comptes-rendus ont été faits sur l'Exposition universelle de 1855.

Avouons-le à la louange des écrivains qui ont entrepris une aussi laborieuse tâche; rien n'a été oublié, depuis le chef-d'œuvre microscopique jusqu'au véritable monument pyramidal, depuis le papier crayonné jusqu'aux toiles de nos plus grands maîtres; produits des arts, de l'esprit, du génie, ajoutons même du hasard, de l'imprévu, tout a été peint, décrit, expliqué.

La soierie surtout, la soierie, qui par la complication, la variété de son emploi, est à elle seule un résumé de tous les talents, a occupé dans toutes les descriptions une place digne d'elle. Mais, si détaillée, si juste qu'en soit l'appréciation faite par divers critiques, cette appréciation manque de but réel, vis-à-vis de nous surtout, tout en gardant aux yeux de la généralité un mérite que je ne chercherai pas à lui contester, celui de la vérité et de ses précieux détails.

Je l'ai dit, toute appréciation faite sur les étoffes soierie, exposées au Palais de l'Industrie, a manqué d'un but réel.

Et en effet, que nous importe que tel ou tel voisin industriel ait exposé des étoffes rivales des nôtres sous bien des rapports; pourquoi n'avoir cité que des noms et peu de faits ; n'avoir parlé que du beau et glisser lestement sur tout ce qui n'offrait pas aux regards un attrait irrésistible? Ne parler que du beau c'est bien, mais non pas suffisant ; c'est ne s'arrêter qu'à la superficie, et ne tenir nul compte des causes.

L'appréciateur y voit autrement : son œil embrasse tout ; et sans se laisser éblouir par l'éclat, il va chercher dans l'endroit le plus obscur de la case d'un exposant une modeste étoffe, qui pour lui renferme d'autant plus d'instruction qu'elle semble vouloir se dérober davantage en s'abritant derrière l'éclat et la splendeur des étoffes qui l'entourent.

L'appréciateur ne voit point de nom, mais seulement des étoffes qu'il juge.

Sans jalousie, envieux seulement d'accorder à tous et sans restriction la part de mérite qui revient à chacun, c'est avec regret qu'il se voit obligé pour faciliter sa mémoire de séparer dans son esprit nation par nation, et il ne peut s'en consoler qu'en accordant à toutes dans son cœur une part égale d'estime.

Etudier séparément les progrès industriels de chaque puissance, voir d'un seul coup-d'œil l'ensemble général de tout ce qui a été tissé dans tel ou tel pays, l'apprécier, voilà le devoir; c'est là la tâche de celui qui veut travailler à l'instruction de tous, c'est celle aussi que je me suis imposée.

La remplirai-je? j'en ai confiance, parce que, pour qui dit vrai, bien des difficultés s'aplanissent ou disparaissent.

D'ailleurs, c'est à des hommes compétents que je m'adresse; à ceux-là même qui, le front courbé par l'application, ont vu s'opérer sous leurs doigts ces métamorphoses féeriques, qui frappent d'étonnement, presque de vertige, l'œil peu habitué à admirer de semblables merveilles.

On me tiendra compte de mes efforts; car bien que cette analyse soit incomplète sans doute, elle sera assez étendue pour satisfaire l'envie d'apprendre de chacun, assez précise pour être juste, assez courte enfin pour ne fatiguer personne.

Les produits industriels en soierie de toutes les puissances seront séparément étudiés; de cette manière, il sera facile à chacun de mesurer la distance qui les sépare les unes des autres; chacun pourra voir de quel côté la concurrence, si toutefois elle peut exister, est le plus à craindre.

Puissé-je réussir, je serai largement indemnisé de mes efforts, puisque j'aurai pu me rendre utile.

MASSARD.

LA SUISSE.

La Suisse semble vouloir marcher à grands pas dans la route du progrès. Quoique depuis longtemps déjà la soierie ait été importée chez elle, on pourrait cependant lui reprocher un défaut de hardiesse, une timidité qui la restreint à ne s'attacher qu'aux tissus légers, mais qui par la manière dont ils sont traités laissent croire qu'elle pourrait faire davantage.

Notre but n'est pas de rechercher les causes de cet engourdissement, nous qui ne voulons voir que les produits : et ceux que cette nation a exposés ont dans leur genre une qualité, un mérite qui les rend précieux.

Ses tissus comme fabrication atteignent un certain degré de perfection assez remarquable.

Ses collections en étoffes armures étaient presque complètes ; article seul dans lequel les industriels suisses ont donné un faible aperçu de l'idée progressive de création. L'article reps venant de ce pays n'offrait que très-peu d'intérêt.

Les satins suisses, de bonne fabrication du reste, jouissaient de tout l'éclat dont ils étaient susceptibles, mais manquaient toutefois d'ampleur et de moëlleux, défaut d'ailleurs naturel, résultat inévitable de leur légèreté.

Quant à ses teffetas généralement légers, on peut affirmer qu'ils étaient d'une fabrication telle, que certaines fabriques françaises n'auraient pas dédaigné de les admettre.

La teinture des matières qui ont servi aux tissus exposés était et doit être encore supérieure à la qualité des étoffes. C'est dans cette nation un progrès qu'a constaté l'Exposition universelle.

C'est là encore une pierre d'assise qui promet beaucoup pour l'avenir, et qui contribuera considérablement au perfectionnement des étoffes et à la prospérité de l'industrie Helvétique.

Mais que de travaux assidus et pénibles, que de combinaisons d'esprit, que d'application à apporter, que de chemin à faire encore pour pouvoir atteindre, non pas la perfection, mais le mieux possible que laissent entrevoir les produits exposés!

N'est-il pas à regretter que ce pays aux idées hardies et progressives, n'ait pas encore mis en principe et en action cette vérité, que les arts honorent plus ou tout au moins autant une nation que les efforts qu'elle fait pour marcher l'égale en lumière avec les peuples voisins.

Mieux vaut pour une nation industrielle une tentative dans son industrie, audacieuse et peu fortunée, qu'une langueur, disons mieux, une timidité qui lui fait craindre de trop oser.

La Suisse à cet égard devrait mieux se connaître elle-même ; car, à en juger par ce qui a été exposé, elle peut comme fabrication et teinture se créer un rang plus élevé parmi les nations industrielles ; et bien qu'elle n'atteigne pas la France, on ne peut nier que c'est elle qui de toutes les autres nations exposantes a donné le plus de perfectionnement aux étoffes qui sont du ressort de son industrie, encore trop peu variée.

L'AUTRICHE.

Les fabriques Autrichiennes font beaucoup de bruit parmi nous : chacun la considère comme étant notre rivale la plus sérieuse, parle avec inquiétude de la quantité prodigieuse des étoffes qui s'y tissent, et croit sérieusement que si la fabrique de France venait à choir, l'Autriche hériterait une grande partie de son prestige et de ses talents.

L'Autriche, en un mot, est l'épouvantail jeté à tout propos en toute circonstance, la raison supérieure de ceux qui font de la concurrence une affaire digne d'être exploitée.

Et cependant, qu'il reste encore à faire à cette nation pour se mettre sur un pied capable d'être citée avec raison!

Que de pauvreté, que de nullité même dans tout ce qui a été exposé par ses industriels!

Ses soieries n'offrent rien d'attrayant; ses collections incomplètes feraient presque croire que cette nation a pris à cœur de cacher au monde ce qu'elle pouvait faire. Si l'orgueil, l'esprit national, et le désir de voir ses travaux appréciés n'avaient pas dû être les sentiments qui plus que tous les autres ont préoccupé les exposants, on serait tenté de croire à la modestie de l'Autriche.

Toutes ces raisons font que je passerai sous silence la majeure partie de ses étoffes soie.

L'endroit par où l'Autriche brille le plus est le châle laine. Pour être juste, on doit reconnaître qu'elle a fait dans cette partie des progrès bien propres à lui servir d'encouragements.

Pour nous, nous souhaitons vivement qu'elle mette à profit la bonne volonté qu'elle semble vouloir apporter dans cette spécialité.

Ce n'est cependant pas que cet article soit traité par elle avec beaucoup de bonheur, mais c'est encore tout ce qu'elle a offert de mieux au Palais de l'Industrie.

Pour ceux qui ne jugent du mérite que par l'effet, qui peut être plus ou moins faux, ils ont pu remarquer plusieurs châles qui cependant n'étaient que de véritables trompe-l'œil, pour le connaisseur d'abord, et plus encore pour l'appréciateur érudit.

Les châles autrichiens, bien que leur tissage laisse encore à souhaiter, sont cependant supérieurs aux châles de quelques autres nations : c'est à ce titre seulement qu'ils m'ont paru dignes d'être remarqués.

Leurs couleurs de fond, assez heureuses, auraient peut-être été riches et plus dignes d'appréciation, si elles avaient été recouvertes par des dessins légers, au lieu d'être accablées sous le poids de dessins antiques, épais, aux couleurs cassées, aux effets disgracieux, qui pesaient trop lourdement sur la légèreté des tissus.

Que dire du mérite du dessin? Quel est l'œil assez exercé pour y avoir pu trouver une nouveauté, une seule de ses originalités qui font tout le mérite du genre?

C'est cependant par ses châles que l'Autriche brille le plus.

Non, l'Autriche n'a rien donné qui puisse sérieusement la mettre même au niveau des nations ses voisines.

Elle n'en est pas moins privilégiée par les rapports qui nous arrivent chaque jour sur son activité et son désir ardent de marcher fièrement dans la voie du progrès ; mais il nous a été démontré par l'expérience et l'examen que ces rapports ne sont que mensongers et illusoires.

LA SUÈDE.

Quoique plus éloignée que les autres nations, la Suède n'a pas cru devoir manquer au rendez-vous universel. Nous en félicitons les industriels de ce pays ; et c'est avec plaisir que nous avons vu les produits de cette nation prendre leur place au Palais de l'Industrie.

Ce n'est pas que la soierie suédoise y ait présenté beaucoup d'attrait , ses collections étaient si peu nombreuses; mais encore quand on fait le rapprochement de ce qu'elle nous a donné et de l'enfance où se trouve encore son industrie, on ne peut que l'encourager et lui souhaiter une réussite heureuse, en compensation des efforts qu'elle fait.

Elle peut avec raison croire à son avenir industriel, si on en juge par les spécimens qu'elle nous a fait parvenir.

La Suède a compris avec justesse que ce serait s'exposer beaucoup que de vouloir, dans l'état actuel de son industrie, nous envoyer de grandes choses : aussi ne s'est-elle attachée qu'aux tissus délicats, il est vrai, mais peu compliqués.

Nous devons, quoiqu'il en soit, lui tenir compte de son audace; car ce n'est pas peu que d'oser attaquer les étoffes unies qui ne peuvent plaire que par un mérite éprouvé.

Là, rien ne peut éblouir la vue : les dessins, les armures, ne sauraient atténuer les imperfections du tissage.

BIBLIOTHÈQUE IMPÉRIALE IMPR.

L'étoffe unie, c'est la vérité. Elle n'admet que difficilement un milieu entre le bien et le mal. Si l'étoffe plaît, c'est qu'elle est à peu près parfaite. Malheureusement, la Suède a glissé quelque peu sur le bien, et s'est rapprochée par trop du mal, pour que nous puissions, nous qui jugeons sévèrement, lui accorder des louanges qu'on ne doit pas encore à sa fabrication, mais seulement au désir, à la volonté qui ont guidé les industriels suédois.

Les couleurs de leurs étoffes étaient peu variées; noir, vert et marron de différentes nuances, et c'est à peu près tout.

Aussi, à côté de la simplicité des satins et taffetas envoyés par la Suède, est-on très étonné de voir surgir l'article meuble ou brocatelle. L'étonnement s'accroît encore quand on sait que les soies employées par les Suédois sont les produits de leurs magnaneries, et qu'elles subissent chez eux toutes les préparations antérieures au tissage.

Toutefois, il ne faudrait pas croire que la sériciculture se traite dans ce pays sur une assez grande échelle, pour suffire à l'alimentation de ses fabriques, et la Suède tire encore des pays étrangers la plus grande partie des soies qui lui sont nécessaires.

Le fait néanmoins, si peu conséquent qu'en soit pour le moment le résultat, ne doit pas rester à l'état d'oubli, et peut être constaté comme un immense progrès industriel.

Le même progrès, nous l'espérons, se fera sentir dans ses tissus; et déjà plusieurs brocatelles suédoises n'étaient pas sans mérite, quoique le genre se ressentît encore du peu de connaissances que les ouvriers suédois ont en fabrication. Rien de nouveau dans les dessins; aussi, nous bornerions-nous là sur l'énumération des produits en soierie de cette nation, s'il nous était possible de passer sous silence deux pièces en satin noir sortant de leurs fabriques, mais qui par l'éclat, leur beauté réelle, le fini de leur tissage, n'auraient pas été déplacées dans les vitrines des exposants français.

L'effet de ces deux pièces, comparé à celui des autres collections de ce pays, était tel, que ce n'est que difficilement qu'on se résigne à croire à leur origine.

Si réellement ces deux pièces satin sont sorties des fabriques suédoises, nous ne pouvons qu'en glorifier les industriels qui nous les ont données, car ils nous fortifient dans notre idée, que la Suède, à un jour donné, jouera dans le monde industriel un rôle important.

LA SARDAIGNE.

De tous les pays, la Sardaigne est celui de l'Europe à qui la nature semble vouloir aider avec le plus de complaisance, pour ce qui se rattache à notre sujet, les efforts que voudraient tenter ses industriels.

Climat, végétation, mœurs, mieux encore, aptitude et savoir, rien ne manque aux habitants de cette contrée pour obtenir de ses richesses séricicoles les produits les meilleurs, et les plus aptes à la fabrication des tissus.

Hâtons-nous de le dire, les éducateurs sardes ont su tirer profit de ces avantages, grâces en soient rendues à leurs études sérieuses et constantes. Nous devons avouer un fait, d'ailleurs reconnu et sanctionné par l'expérience, que ce sont eux qui nous livrent les soies les plus riches et d'un usage le plus avantageux à la fabrication des tissus soierie.

Ce titre honorable est certes assez grand pour satisfaire l'orgueil des industriels piémontais; aussi ne devons-nous pas nous étonner de voir son industrie de fabrique bien au dessous de son mérite de culture.

Cependant, pour ne pas démentir sa vieille renommée, la Sardaigne a voulu faire connaître aux nations qui ont tiré d'elle la science de la fabrication, que le temps n'avait pas encore tellement agi sur elle, qu'elle ne se souvînt pas de sa gloire passée.

Seulement tout ce qu'elle a fait parvenir au Palais de l'Industrie sent ou l'enfance ou l'extrême vieillesse.

Ainsi, ses collections étaient peu nombreuses, et le fond réel de ses produits fournissait peu de sujets comme types.

Façonnés pour robe, armures, taffetas, satin et velours, tel a été à peu près le composé des produits qu'elle nous a donnés.

Reste à savoir maintenant le degré de mérite que ces différentes catégories ont obtenu : une observation judicieuse et expérimentée nous permettra peut-être de l'établir.

L'article façonné pour robe, offert par la Sardaigne, avait un mérite naturel au pays, celui de l'excellence des matières; mérite d'ailleurs commun à tous ses autres articles. Cet avantage immense était encore accru par une très-heureuse réussite dans la teinture, dans les couleurs sombres surtout; aussi est-il à regretter que ces qualités aient été rendues presque nulles par la pauvreté du dessin.

Tisser, et tisser bien, est beaucoup déjà : mais ne rien inventer, agir toujours sur des pensées hors d'époque, constitue, aujourd'hui surtout que la nouveauté et la hardiesse des idées sont les seules substances du goût, constitue, dis-je, une erreur capitale, assez énorme du moins pour atténuer tout autre genre de mérite.

La Sardaigne ne l'aurait-elle pas compris, ou ses moyens ne dépasseraient-ils pas ses conceptions? c'est là une raison que l'on peut résoudre sans ostentation. Les moyens viennent toujours à l'appui d'une ferme volonté : les moyens donc ne sauraient lui manquer.

La partie armure, peu complète du reste, a été, ainsi que ses satins et taffetas, d'une pauvreté assez remarquable, soit sous le rapport de la quantité, soit sous celui de la qualité. Quant à la variété des nuances, elle était d'une nullité presque complète, quoique bonne et même heureuse, prise séparément.

Et cependant, avec ce peu d'éléments de réussite, la Sardaigne a été une des nations qui au Palais de l'Industrie s'est attirée le plus de sympathies, grâces à sa collection heureuse quoique restreinte de velours.

La bonne disposition de la vitrine sarde, où cette catégorie était étalée, a contribué presque entièrement à faire de cette série la plus apparente de toutes.

L'illusion, effet naturel du lieu, était telle, qu'il fallait pour ne pas s'y méprendre toute l'attention et la science du connaisseur.

Quel est donc celui des visiteurs du Palais de l'Industrie qui n'a pas été agréablement frappé à la vue d'un châle velours ponceau fin, formant le fond de la vitrine, à côté duquel s'échelonnait une certaine quantité de pièces également en velours unis de différentes couleurs, dont le contraste ingénieux, même savant, donnait à cette exposition tout le charme et l'attrait que l'esprit le plus exigeant pouvait espérer.

Certes, cette illusion se rapprochait tellement du vrai, qu'après même l'examen séparé de chaque coupon, examen bien propre à prévenir désagréablement l'esprit, le charme existait encore.

Malheureusement, comme je l'ai dit, ce n'était qu'illusion, et les exposants français de cette catégorie, quoique jaloux avec droit d'un tel avantage, n'avaient rien à redouter, certains qu'ils étaient que le mérite réel de leurs étoffes l'emporterait toujours sur un éclat qui s'assombrissait avec l'examen.

En somme toute, la Sardaigne peut être classée dans un rang qui n'a rien d'effrayant pour nos industriels : il est juste d'ailleurs qu'il en soit ainsi ; on ne saurait toucher à deux gloires à la fois.

L'ESPAGNE.

L'Espagne fait des efforts inouis pour pouvoir se placer au niveau des autres nations industrielles ses voisines. La soierie y fait des progrès remarquables, et loin de se borner, comme plusieurs autres nations, à imiter les manufactures étrangères et plus avancées, elle a su se créer des choses à part, inaperçues dans les autres collections.

Sans vouloir copier la Prusse sur ses tissus coton, dont le mérite est réellement transcendant, nous avons remarqué dans les collections espagnoles un genre d'étoffe pour gilet, matière coton, qui n'est pas sans mérite.

Cette étoffe moirée produit un effet gracieux, et surtout est très propre à l'usage pour lequel elle est destinée.

Ses cachemires pour gilets jouissent sur ceux de beaucoup d'autres pays d'un avantage qu'on ne saurait lui disputer, celui de la beauté des matières, mais sont bien en arrière pour la nouveauté et le goût de ceux présentés par la Prusse et la France.

Les dessins des cachemires espagnols n'ont réellement qu'un seul sujet de fond, qui diffère il est vrai d'agrément et d'ornementation, mais dont l'idée première n'en est presque pas moins unique.

L'Espagne a aussi présenté une collection assez riche de châles laine, mais en genre tout-à-fait léger, plus aptes à servir d'ornement que de vêtement de goût. Les tissus légers semblent d'ailleurs être la spécialité de cette nation, et elle y a réussi comme on le fait toujours quand on ne s'attaque qu'à un genre auquel on s'applique d'une manière toute particulière.

Cependant, il faut en convenir, ce pays ne sait pas faire usage de ses propres richesses, et lors même que nous attachons assez de prix aux produits espagnols, nous y ajouterions une plus grande valeur si la qualité répondait au brillant flatteur du tissu.

Comme soierie, l'Espagne a donné au Palais de l'Industrie une collection assez détaillée : l'abondance des étoffes s'y faisait remarquer. Les articles meubles ou brocatelle, les velours façonnés, velours du nord, les unis en satins taffetas, même en velours, composaient son assortiment, et c'est beaucoup.

Il est à regretter que la critique sévère trouve trop de prise pour pouvoir s'appesantir sans injustice sur ses produits. Heureusement qu'avant la critique on doit des félicitations à l'Espagne pour l'empressement, la bonne volonté dont elle a fait preuve.

Ses articles meubles, quoiqu'assez bien traités comme fabrication, ne jouissent pas d'un grand mérite par rapport au peu de goût de l'ornementation; généralement les nuances des fleurs s'harmonisaient peu avec la couleur du fond, et n'avait rien de nouveau, rien d'élégant.

Les velours façonnés de l'Espagne sont pauvres de dessins, de nuance et de fabrication; quant à ses velours du nord, ils ne sont remarquables que par leur nullité.

Ses velours unis méritent à peine d'être mentionnés : outre une fabrication qui laisse beaucoup à désirer, leurs nuances sont fausses et peu réussies.

La mauvaise teinture est dans tout ce que l'Espagne a offert en soierie le défaut le plus sérieux.

Ce défaut s'applique aux autres articles plus légers, tels que satins et taffetas, qui peuvent, il est vrai, être employés à l'usage pour lequel la haute bourgeoisie espagnole les destine, mais qui seraient impuissants à se montrer avec honneur dans nos salons élégants.

LE PORTUGAL.

Nous ne mentionnons le Portugal que pour constater la présence de ses produits industriels au Palais de l'Industrie.

Ses collections, très-incomplètes, n'offrent aucun intérêt.

On y remarque seulement quelques pièces Pékin ou quadrillées, qui, comme disposition, couleur et tissage, sont inférieures et au dessous de toute appréciation.

Les velours unis écossais que le Portugal nous a donnés, d'une négligence complète pour ce qui tient à la fabrication, ont produit cependant un effet quelque peu gracieux par la disposition des nuances. Ils ont été supérieurs aux velours unis qui, pas mieux tissés que les premiers, étaient encore dépouillés des agréments de la disposition.

La fabrique portugaise, en un mot, est nulle; ce qu'elle a montré au Palais de l'Industrie n'a servi qu'à faire connaître à beaucoup que la soierie se tissait même en Portugal.

LA TOSCANE.

Plus pauvre encore que le Portugal, la Toscane n'a rien exposé qui soit digne de remarque.

Quelques pièces, articles uni et quadrillés même genre, collationnés avec un petit nombre de pièces armures nouveautés, et c'est tout.

C'est à regret qu'on est presque obligé de laisser cette nation inaperçue, puisqu'enfin elle a voulu faire acte de présence à l'Exposition. Mais appelé à désigner le mérite seulement, on doit s'abstenir quand avec l'attention la plus minutieuse on ne peut rien découvrir.

Ajoutons cependant, qu'en dépit de sa bonne volonté, la Toscane n'aurait rien pu nous offrir de bien. Il faut à chaque chose son temps, et la soierie n'est dans ce pays qu'à l'état de primitive enfance.

Ce serait à tort que l'on exigerait d'elle un degré de perfection qu'on est en droit de réclamer aux nations plus avancées, et qui ont trouvé dans la pratique une expérience que la Toscane acquerrera à son tour, nous aimons à le croire.

L'ANGLETERRE.

Pays des idées neuves, et de l'apathie dans l'exécution, terre des inventions minimes aussi bien que gigantesques, mais qui semble dédaigner de descendre le plus souvent jusqu'au perfectionnement; nation classique des hommes studieux qui consacrent et absorbent leur vie à la recherche de quelques nouveaux mécanismes qu'on ébauche, fait mouvoir et abandonne ensuite, voilà l'Angleterre, ou plutôt ses industriels.

Certes, qu'on ne lui en fasse pas un

reproche; laissons-lui sa part de mérite, qui est en mécanisme une initiative bien connue. Ne nous plaignons pas de ses ébauches, qu'on délaisse à peine formées, puisqu'elles fournissent à tous les peuples matière d'occupation à leur esprit, dans l'étude et le perfectionnement de ce que l'Anglais lance si hardiment et si dédaigneusement dans le riche et immense domaine de la pensée, de l'application et du travail.

Tout ce que nous avons vu de l'Angleterre au Palais de l'Industrie nous fortifie dans l'opinion que nous venons d'émettre d'elle.

Que de regrets n'éprouve-t-on pas, quand, identifié par la vue et l'examen avec les hautes conceptions qui ont présidé à tous les chef-d'œuvres dont la Grande-Bretagne a orné notre Exposition, on examine le résultat peu heureux qu'elle retire de son travail! Que d'aptitude à créer! Que d'insouciance à classer dans les mêmes conditions le produit et l'esprit créateur!

Cette nonchalance ne se dément pas. Appliquée à ses propres œuvres, elle se retrouve bien plus grande encore dans ce qu'elle a été obligée d'emprunter aux autres nations.

Ne nous étonnons donc pas que l'industriel anglais ait trompé de nombreuses espérances, en ne nous montrant en soierie que des sujets trop inférieurs à ses autres produits, pour que le contraste ne s'en fasse pas péniblement sentir.

Elle a touché cependant à tous les genres de tissus : draps, toile, fil et coton; elle a employé à leur confection tous les moyens, sans oublier la vapeur. S'est-elle servie des mêmes procédés pour les produits en soierie, que nous sommes plus spécialement appelés à analyser? Est-ce à l'emploi trop fréquent de ses machines qu'il faut attribuer le peu de réussite de ses étoffes? nous ne recherchons pas les causes, mais seulement les résultats.

Comme résultat donc l'Angleterre n'est pas heureuse. Ses étoffes soie ont quelque chose d'antique qui ne se fait que trop désagréablement apercevoir. Nous ne voulons établir aucune comparaison, mais que de raideur on trouve généralement dans ses produits en soierie! Nous avons vu des pièces, dont la fabrication était bonne, se détériorer sous certains apprêts qui sortaient à ces tissus le luxe, le beau naturel d'une étoffe de soie, pour les rapprocher, les assujettir à l'effet d'un papier peint.

Plus heureux dans les étoffes unies, les industriels anglais nous ont donné des pièces d'un mérite passable pour la fabrication et qui n'avaient pas au moins le désavantage d'être rendues mauvaises par des apprêts destinés cependant à les embellir.

Les brillantines unies, dont en France on ne se souvient que du nom, sont toutes les nouveautés de l'Angleterre. Ajoutons quelques taffetas quadrillés et des peluches pour chapeau, légères comme la plus grande partie de ce que l'on fait pour cet article, et nous aurons énuméré tous les produits en soierie qu'a livrés l'Angleterre à notre appréciation.

Nous l'avons dit, la partie industrielle soierie n'est pas l'endroit par où l'Angleterre brille le plus ; mais elle possède d'autres titres de gloire assez nombreux pour qu'on lui sache même gré de ne pas revendiquer celui-ci.

Dans la nomenclature des objets d'art servant à la confection des étoffes et exposés au Palais de l'Industrie, nous reviendrons sur deux métiers anglais, qui sont réellement dignes d'une mention honorable et toute spéciale.

LA PRUSSE.

De toutes les nations citées plus haut, la Prusse est celle dont les produits industriels en fait de fabrique soierie offrent le plus d'intérêt.

Ses collections sont nombreuses, et atteignent plus que tous les autres pays un certain degré de perfection qui lui font laisser bien en arrière ses concurrents, sans pour cela abréger par trop la distance qui la sépare encore de la France.

On ne peut donc refuser à cette nation l'éloge dû à l'immense progrès de ses fabriques, constaté avec d'autant plus de plaisir, qu'il est remarqué davantage par un ami du progrès universel.

Donner à chacun la part de gloire et de mérite qui lui revient ; encourager les arts, fortifier le désir d'avancer, montrer à ceux qui s'égarent la route du vrai, est un devoir pour tout homme qui croit à l'avenir ; et quand j'applaudis aux efforts de la Prusse, quand je lui dis : *Courage*, c'est que peu jaloux d'une distinction qui tôt ou tard s'effacera, j'ai confiance qu'à un jour donné les produits de la Prusse se mêleront sans différence avec les nôtres.

Je l'ai dit, il lui reste encore à faire; mais c'est la Prusse qui marche le plus vite : encore quelques efforts, et ce but sera atteint. Je ne connais pas de meilleure preuve à l'appui de mon sentiment que l'analyse de ce qu'elle a fait parvenir au Palais de l'Industrie.

La Prusse nous a offert des châles soie façonnés dont la fabrication, bonne du reste, était peu propre à offrir aux yeux de la généralité un attrait véritable, attendu qu'elle n'était soutenue ni par le goût du dessin, ni par la supériorité de la teinture, deux qualités essentielles pourtant, et qui rendent presque inabordables les collections françaises.

Ses articles robes, dans les qualités inférieures sont à l'abri de reproche; mais elles se distancent trop des riches et belles nouveautés françaises.

Cependant, puisque la Prusse considère comme haute nouveauté pour son époque ce qui pour nous est passé d'usage, nous ne devons pas moins mentionner ses articles soierie pour robes, si nous voulons retourner en arrière de quelques années, comme étant aussi bons en fabrication qu'inférieurs en goût et en qualité.

Ses gilets en soierie sont à-peu-près nuls, et nous avons remarqué dans certains articles entièrement coton, destinés à cet usage et tissés par ses industriels, plusieurs pièces qui l'emportent peut-être sur les gilets soie, par le goût de la disposition et la perfection de la main-d'œuvre.

Quant à ses articles ornements d'église, ils peuvent, sans coup férir, s'analyser ainsi : Point de goût, peu d'élégance, lourds et épais, surchargés de broderies pesantes. Qu'ils diffèrent en cela de ces dentelures françaises riches, élégantes, qui brillent sous tous les rapports, qui étonnent par leur richesse et leur somptuosité, sans être cependant aussi matériels, qualité qui les fait préférer par tous pour leur bon goût et leur grâce majestueuse.

Après les lourds et difficultueux articles d'ornement d'église, les meubles ou brocatelles trouvent naturellement leur place, et c'est avec plaisir que l'on peut citer la Prusse comme ayant réussi largement dans cette catégorie. Comme fabrication et dessin ils touchent aux limites des collections les mieux traitées; avec un peu plus de variété, elles auraient été irréprochables.

Ses articles en unis, tels que satins et taffetas, n'ont rien offert d'attrayant; rien n'était parfait comme fabrication, et moins encore comme teinture. La même remarque se pourrait faire sur ses pièces à disposition pour cravates.

Il est à regretter que ce défaut presque capital de disposer avec peu de science les différentes nuances se soit reporté sur les velours façonnés, car sous les autres rapports cet article mérite une remarque bienveillante et toute spéciale. Les industriels de ce pays se sont surtout appliqués dans cet article au genre broderie : c'est là leur nouveauté.

Les gilets à forme, fond satin, occupaient encore une place honorable dans leurs collections, et plusieurs pièces de ce genre étaient traitées d'une manière assez heureuse, pour que l'œil le plus exercé y cherchât vainement des défauts capables de détruire la favorable impression que leur vue produisait de prime abord.

Quant au velours du nord et velours uni genre écossais, la Prusse ne nous a rien donné de véritablement beau. Disposition, teinture, fabrication, rien ne pouvait contribuer à leur créer un mérite qui soit à la hauteur de celui qu'on doit avec justice accorder à plusieurs autres de leurs articles, et principalement à leurs peluches noires pour chapeaux.

C'est de toutes les productions allemandes la mieux traitée et la plus riche.

L'éclat, le beau, le vrai dont ses étoffes étaient enrichies, les ont placées au rang de ce que Lyon fournit de bon dans ce genre. Les industriels de cette nation peuvent tirer un immense avantage de cette spécialité, dans laquelle ils excellent sans contredit.

Il est donc facile de voir que, comme nous l'avons dit, la Prusse, par le progrès de ses fabriques et la variété de ses productions, est de tous les pays énoncés dans cette Revue, celui qui se rapproche le plus de la France. C'est un éloge pour elle dont elle doit être fière, car c'est beaucoup déjà que de suivre en première ligne, quoique de loin encore, les fabriques françaises, qui à elles seules absorbent tous les genres, et à un degré de supériorité, de perfection incontestables, comme en ont pu juger les heureux visiteurs du Palais de l'Industrie.

LA FRANCE.

En terminant notre Revue, ou plutôt notre rapide coup d'œil sur les articles de soierie exposés au Palais de l'Industrie, par l'examen de nos produits nationaux, nous ne toucherions pas encore à la fin de notre travail si nous voulions suivre pas à pas tous les merveilleux détails de l'Exposition française.

Sans se laisser entraîner par un sentiment illégitime d'orgueil, on peut dire hardiment que la France a exposé à elle seule autant, mais plus encore que toutes les autres nations réunies : c'est là un fait patent, incontestable, et avoué par les nombreux visiteurs du Palais de l'Industrie.

Que serait-ce donc si on voulait établir un parallèle de perfection, de fini, de haute main-d'œuvre entre les étoffes de soies françaises et celles des autres nations; quels termes de comparaison pourrait-on établir même approximativement? Ce serait là, selon moi, une chose aussi difficile que de peindre d'une manière saisissante la surprise qui s'emparait, même involontairement de tous les esprits les plus jaloux, les plus prévenus, à la vue des merveilles étalées par nos industriels.

Concurrents et rivaux, ceux-là même qui voyaient s'éclipser l'éclat de leurs produits par la splendeur des nôtres, avouaient leur infériorité, et cette fois, comme presque toujours, la jalousie se trouvait en présence du mérite réel, éprouvé.

Si exagéré que puisse paraître ce langage, il n'est que simplement vrai : les faits viennent à son appui.

Et cependant, pour obtenir un résultat si prodigieux, quatre villes seulement ont concouru. Elles ont suffi pour opérer ce merveilleux assemblage qui métamorphosait les vitrines françaises en un véritable palais féerique, idéal, où l'œil se promenant de merveilles en merveilles, se fatiguait d'admiration ; où l'esprit éprouvait après quelques instants d'étude le besoin de se reposer sur des objets moins parfaits.

Tours, Paris, St-Étienne, Lyon, voilà

les Prométhée qui ont marqué d'une manière précise la place qui appartient à nos tissus.

Désigner Paris, c'est parler du châle; c'est en effet par cet article que notre capitale brille le plus, abstraction faite bien entendu des autres arts, où elle domine d'une façon tranchée, et dans l'analyse desquels nous n'entrerons pas, puisqu'ils n'appartiennent pas au genre des produits qui ont rapport à notre opuscule.

Les châles tissés à Paris, sont supérieurs aux châles des autres puissances, si toutefois on en excepte la Perse. — Beauté des matières, richesse du dessin, perfection du travail, harmonie, élégance du coloris, tout contribue à faire du châle de Paris un type qui, heureusement pour la gloire de ses ouvriers, n'a pu être encore non-seulement atteint, mais compris par les industriels étrangers.

Il serait injuste de méconnaître les progrès obtenus dans cette spécialité par la Prusse, l'Espagne, et surtout par l'Autriche ; mais encore quelle immense distance nous sépare de ces nations !

La Perse elle-même ne doit sa supériorité qu'à la beauté sans comparaison des laines qu'elle emploie, qu'elle trouve en abondance chez elle ; car même les châles perses sont loin de valoir par leur dessin et la richesse de leurs couleurs les châles de fabrique parisienne.

Aussi leur haute valeur a-t-elle été comprise par les commerçants spéculateurs. Combien ne voyons-nous pas de châles des Indes et de Perse étaler leur splendeur dans les montres de nos riches débitants et dont le numéro d'ordre se trouve peut-être noté sur les registres d'une de nos plus humbles fabriques.

Le châle n'est pas la seule spécialité qui ait placé nos ouvriers de la capitale au rang des plus habiles tisseurs. On trouve aussi dans ses fabriques le velours, mais dans d'assez petites proportions, et traité d'ailleurs, sauf ce qui est nouveautés, dans des conditions peu extraordinaires. Mais il n'en est pas de même de la passementerie : dans ce genre, l'ouvrier parisien peut défier tous ses concurrents. Notre gloire, d'ailleurs, dans cette branche d'industrie n'est représentée que par les œuvres émanant de Paris, St-Etienne, dont nous parlerons bientôt, l'a établi d'une manière assez solide, pour qu'une supériorité incontestable soit définitivement acquise dans ce genre, comme dans bien d'autres, aux industriels français.

La ville de Tours est la plus ancienne des villes de France où le tissage ait été importé. Sa vieille réputation qui d'ailleurs est universelle, l'a depuis plusieurs siècles placée au premier rang des villes industrielles. Elle a même donné son nom à un genre d'étoffe type taffetas, si généralement connu sous le nom de gros de Tours. Cet article, qui aujourd'hui ne s'emploie plus aussi généralement que jadis, n'en n'existe pas moins de nos jours, et la richesse, le brillant de ce tissu lui assurent pour toujours une place distinguée parmi les étoffes de bon goût.

Mais ce que la fabrique de la ville de Tours nous fournit de plus sérieux, ce sont ses articles meubles ou brocatelles. Elle le dispute avantageusement à Lyon pour la perfection du tissu et la savante richesse de ses dessins; malheureusement leur variété est trop restreinte, et l'initiative de la nouveauté revient encore de droit à notre ville.

Toutefois, on doit avouer en toute justice que les meubles tissés à Tours égalaient au moins comme travail tous les articles de ce genre réunis à l'Exposition, non seulement par les puissances étrangères, mais encore par la ville de Lyon. Celle-ci l'emportait moins sur celle-là, par la perfection du travail que par la grande variété de ses dessins et la haute nouveauté de ses étoffes.

Si l'on voulait énumérer tous les petits chefs-d'œuvre presque microscopiques qui sortent des fabriques de St-Etienne, il faudrait faire un livre qui, quoique vrai, paraîtrait à beaucoup mensonger. Tout ce qui est luxe, détail et complément du luxe s'y traite avec tant de bonheur, un goût si charmant et un esprit si dominateur, que cette ville s'est depuis peu d'années créée une réputation universelle; et quoique rapide, jamais réputation n'a été mieux acquise.

Les ouvriers stéphanois sont parvenus à un point de perfection tellement élevé, qu'on est à se demander s'il est possible que dans l'avenir ils puissent inventer quelque nouvelle merveille.

Et cependant, tout ce talent déployé, tout cet esprit prodigué, sur quoi s'exerce-t-il? Sur un tissu presque toujours léger, ayant souvent un centimètre de large, et dépassant rarement 10 ou 15 centimètres dans ses plus grandes proportions.

Le ruban, la passementerie proprement dite, voilà la vie, la gloire de cette cité.

Dire que les industriels de ce pays ont multiplié par milliers les genres de cet article, qu'ils ont su y introduire tout le brillant de nos grandes étoffes qui offrent cependant plus de ressources, qu'ils y ont appliqué le même mécanisme qu'à nos lourds métiers, et qu'ils ont pu y obtenir les mêmes résultats; dire que le façonné, la broderie, la peluche, le velours, la dentelle, tout ce qui tient au goût, aux arts, au luxe, au génie, a été mis par eux à contribution pour l'ornementation, la richesse de leur spécialité; dire, enfin, qu'ils ont fait de ce qui ne devait être qu'un détail, un article de haute importance, et si nécessaire, qu'il devient souvent la seule richesse de tel ou tel objet où il ne devait apparaître que comme accessoire, c'est publier le mérite des ouvriers stéphanois, c'est raconter leur gloire.

Faut-il donc s'étonner qu'un travail aussi assidu, aussi opiniâtre, ait été couronné du plus éclatant succès : ne serait-il pas malheureux qu'il en fût autrement?

Aussi peut-on sans crainte prédire l'avenir, et assurer à la ville de St-Etienne la première place parmi les cités qui comme elle s'adonnent à cet article.

Son exhibition au Palais de l'Industrie a dépassé tout ce qu'on en pouvait attendre. Les rubans de St-Etienne ont été une multitude de perfections. Dessins d'un goût élevé, variété, nuance, tout y était dans les dernières limites du beau. Chercher à en donner trop de détails serait s'exposer à en amoindrir le mérite ; et d'ailleurs tout le monde n'a-t-il pas continuellement sous les yeux de quoi se convaincre et s'étonner? Est-il une seule cité, un simple bourg où les produits de cette ville ne soient établés et jetés comme un défi à tous les peuples qui voudraient essayer de l'imitation !

Le seul nom de la ville de Lyon emporte avec lui l'idée de fabrique. Etoffes de soie de Lyon, tel est à quelques variantes près l'appât que tout commerçant emploie pour attirer dans son domaine le consommateur exigeant. A cet écusson, l'esprit le plus minutieux, le goût le plus exquis, le caprice le plus extravagant, doivent se soumettre et trouver à se satisfaire.

C'est qu'en effet, quoi de plus varié, de plus riche, de plus original, que les productions lyonnaises en soierie ! Est-il utile de dire que Lyon est la ville universelle, qu'elle règne en souveraine sur toutes les cités industrielles. Quelle idée pourrait ajouter à sa réputation !

Ce qui surprend, ce qui étonne surtout, c'est que l'industrie de cette cité ait atteint un développement si grand, quand on se reporte aux premiers jours de son existence. L'histoire de la soierie de Lyon ne serait pas la moins intéressante de toutes celles qui sont écrites. Et combien je regrette que le peu d'espace que ce petit ouvrage me laisse ne me permette, sinon d'en donner les détails, d'en suivre au moins les péripéties.

Cependant, assuré que quelques documents ne pourront être qu'utiles, sans doute agréables, j'analyserai très-succinctement les phases différentes par lesquelles notre industrie a passé pour atteindre le développement que nous lui connaissons de nos jours.

La ville de Lyon n'a pas été la première ville de France qui sérieusement ait traité les articles de soie : Nîmes et Avignon ont eu avant elle des fabriques, mais sans importance. Ce n'est qu'en 1536, qu'Etienne Turquet et Barthélemy Nariz, manufacturiers génois, naturalisés lyonnais, voyant avec peine qu'on était obligé de tirer des pays étrangers les étoffes de soie, résolurent d'en établir la fabrication à Lyon. Avant eux, il est vrai, notre ville avait possédé des métiers de drap d'or et de soie, mais par l'incapacité et la négligence de ceux qui les faisaient valoir, ces métiers cessèrent de travailler, abandonnant à d'autres l'honneur de cette fabrication. Ce fut alors que Tours commença ses fabriques et obtint à cet effet des lettres patentes du Roi (François Ier).

Turquet et Nariz, peu fortunés, trouvèrent des encouragements dans la munificence de Matthieu Vauzelles, conseiller de la ville. Il écrivit lui-même au Roi, et obtint pour les deux manufacturiers des lettres qui les autorisaient à monter des métiers pour le tissage des étoffes d'or, d'argent et de soie. Turquet fit d'abord confectionner des échantillons qui parurent magnifiques, et sur l'engagement qu'il prit d'en faire de plus merveilleux encore, s'il pouvait avoir *un moulin pour tordre ses soies et une chaudière pour les teindre :* le consulat de la ville se hâta de souscrire à sa demande.

Quoique bien imparfaits, ces essais donnèrent néanmoins aux manufacturiers des bénéfices considérables, ce qui décida Rollet Viard de tenter une semblable entreprise. La ville lui accorda à cet effet une portion de terrain. (Seize pas *sur les fossés de la Lenterne*, ancienne rue du Bessard).

Rollet Viard, chose étonnante pour l'époque, parvint à monter cinquante-deux métiers. Le consulat, reconnaissant des efforts de cet industriel, lui concéda de nouveau *quatre pas de terrain* (toujours sur les fossés de la Lenterne) pour agrandir sa maison.

Telle fut l'origine de la soierie lyonnaise. Elle prit de plus en plus de l'accroissement; avec son accroissement sa réputation grandit. Le velours et les articles unis se fabriquaient surtout à cette époque. Sans vouloir énumérer les différents édits royaux ayant pour objet d'encourager les industriels, sans détailler toutes les circonstances qui tracèrent la première ligne de démarcation entre le fabricant et le chef d'atelier, et plus tard entre le chef d'atelier et l'ouvrier, nous nous transporterons de suite au commencement du dix-septième siècle, époque à laquelle la fabrique lyonnaise subit une véritable transformation par l'invention de Claude Dangon, maître ouvrier, qui introduisit le dessin dans les étoffes, en innovant le métier à la tire. Cette invention valut à son auteur une pension de six mille francs par année.

Elle communiqua un nouvel éclat à notre fabrique. Et dès lors Lyon devint la première ville industrielle. Le nombre de ses ouvriers s'accrut au point qu'à la fin du siècle Lyon comptait plus de 10,000 métiers (1694).

Pendant un siècle l'industrie lyonnaise progressant chaque jour, avait déjà atteint un degré qu'on ne croyait pas pouvoir alors dépasser, quand l'immortel Jacquard inventa son mécanisme, qui en simplifiant d'une manière étonnante l'opération des articles façonnés, donna un nouvel et heureux essor à nos fabriques, dont nos industriels tirent parti.

Rien alors ne fut impossible: l'art, trouvant par le mécanisme Jacquard, un accès facile dans le tissage, se joignit au travail, et ces deux moteurs réunis enfantèrent enfin ces prodiges enviés de tous les peuples.

Que l'étonnement cesse donc, si, eu égard à tous les avantages qu'il possède, Lyon représente à lui seul, un tout, un centre absolu pour la fabrication des étoffes en soierie.

Quoique les étoffes de soie de Lyon soient sa spécialité, cette ville ne laisse point cependant de s'occuper des autres étoffes. Ainsi trouvons-nous dans d'assez grandes proportions les châles laine, même les étoffes en coton se mêler à ses produits spéciaux.

Ses châles surtout sont renommés, et dans les qualités supérieures sont au niveau des meilleurs produits de ce genre que nous fournit la capitale. En général, si dans l'ensemble les châles lyonnais ont quelque infériorité de tissage dont sont exempts les châles parisiens, ils ne le cèdent en rien à ceux-ci pour la nouveauté, l'élégance et la richesse des desseins, pour l'harmonie, la finesse des nuances et la qualité des matières.

Les châles soie, qui rentrent mieux dans la spécialité des fabriques lyonnaises, sont traités avec une perfection qui défie l'examen le plus sévère. Rien n'approche de la richesse de cet article ; et, si compliqué qu'il soit, les industriels lyonnais se sont fait un jeu des difficultés que leur fabrication présentait. Il n'est sorte de caprices auxquels on ne se soit livré pour leur donner un cachet que l'on admire sans pouvoir le définir. Ici, ce sera une broderie simulée; là, une dentelure, une application factice; à celui-ci on aura donné pour ornement tout ce que le velours a de plus moëlleux, de plus noble; à celui-là tout ce qu'un dessin enluminé a de plus chatoyant; tel châle aura fait croire à une fourrure véritable, quand tel autre vous éblouira par ses dessins capricieux. A quoi bon, au reste, énumérer tous les heureux essais tentés en ce genre, essais d'ailleurs assez audacieux pour produire parmi nos rivaux, (qui cependant ont essayé de tous nos genres) un découragement tel, qu'ils n'ont pas osé présenter rien de semblable à l'Exposition universelle, si on en n'excepte quelques spécimens assez malheureux donnés par la Prusse, spécimens qui jusqu'à présent ne sauraient offrir un caractère bien alarmant pour nos fabriques.

Les moyens dont on a fait usage pour le châle ont été également employés pour la robe à volants. Que trouver, en effet, de plus original, de plus excentrique, de plus riche en même temps et de plus coquet, que cette nouveauté qui probablement ne vieillira pas, eu égard à la variété de ressources que ce genre fournit. Dans la robe à volants il n'y a pas seulement du tissage, il y a de l'art : et c'est dire beaucoup. Pourrait-il d'ailleurs en être autrement, quand on examine toute l'élégance, la richesse que nos dessinateurs de fabriques concentrent dans un espace si restreint de trente centimètres ! Que de goût, que de grâce, que de talent et de travail dépensés à l'embellissement de cette robe riche déjà par sa forme, rehaussée encore par l'éclat des ornements sans nombre qu'on y a successivement ajoutés !

La robe à volants, qui de prime-abord n'était qu'une simple affaire de forme, est passée aujourd'hui à l'état d'un genre particulier, un type réel; elle est devenue une branche distincte et féconde de nos productions industrielles.

Susceptible de tous les embellissements possibles, elle a déjà subi mille et mille transformations. La mode, si changeante cependant, a marché moins vite que le goût et le besoin de créer des nouveautés qui existent dans nos cabinets de fabriques. Aussi, quelle abondance de sujets, quel luxe de variété! c'est à l'infini : depuis la simple robe armure jusqu'aux volants velours, depuis le léger façonné jusqu'au broché le plus luxurieux, placé ici sur un modeste taffetas, là sur un satin, ailleurs sur un crêpe, là sur une impalpable popeline, c'est par milliers qu'il faudrait compter les caprices qui ont présidé à toutes ses créations ; et tout cela ne s'est guère opéré que dans nos manufactures, car c'est à peine si les autres nations ont donné signe de vie dans cette spécialité.

Un genre plus modeste, il est vrai, mais non moins méritoire, a dû soutenir une plus sérieuse concurrence que la robe à volants : c'est le façonné pour robe. Il n'existe pas, je crois, de nation qui n'ait essayé d'en faire. Quelques-unes, telles que la Prusse et l'Angleterre, même la Suisse, ont assez bien réussi; mais encore quels sont leurs produits, comparés surtout aux nôtres?

Que de mérite vrai dans les façonnés pour robe exposés par les maisons de Lyon! Que de fini dans l'exécution des dessins! Que de talent dans l'assortiment des nuances dans le choix des ornements! Quel mérite surtout dans certains sujets représentant comme étoffe tout ce que l'on peut s'imaginer de difficultueux, et exécuté cependant avec des moyens qui ne surprennent que par leur simplicité.

Rien n'a été inférieur dans ces articles envoyés au Palais de l'Industrie; et si grande que puisse être l'envie de nos rivaux de nous atteindre, nous pouvons encourager leurs efforts et ne rien redouter d'eux.

Tout ce qui a été dit du châle laine et du façonné pour robe peut encore, à bien plus forte raison, se dire du velours façonné qui sort des manufactures lyonnaises.

Mais un genre qui mérite une mention spéciale, est celui du velours pour gilets nouveauté, qui sans être cependant tissé comme un façonné, en produit plusieurs effets par la complication soit des armures soit du remettage et même des fers qu'on emploie de nécessité dans ce genre. La nouveauté pour gilet velours n'a encore été comprise que par nos fabriques : c'est dire assez la supériorité incontestable dont ils jouissent.

Vouloir s'étendre trop longuement sur les étoffes destinées à la moire, serait peut-être répéter ce que chacun sait, que les moires antiques forment une des plus riches branches de notre industrie. La beauté, mieux encore, la somptuosité de cette étoffe, lui a fait prendre le premier rang parmi les étoffes de luxe, et par ce fait même est devenue l'apanage exclusif de nos plus riches salons.

Je ne sache pas, du reste, des étoffes dont

l'élégant éclat s'harmonise mieux avec l'effet toujours si gracieux du satin et la sévère noblesse du velours. La moire antique peut emprunter de tous les ornements dont notre fabrique est inépuisable. La beauté naturelle de ce genre prend souvent tous les charmes qu'une bonne disposition peut y ajouter ; quelquefois même le façonné y est employé avec beaucoup de bonheur, et rien selon moi n'est plus vaporeux et ne dissimule mieux ce qu'a de lourd l'étoffe fabriquée pour la moire, que ces impressions si coquettes qui depuis quelque temps surtout jouissent d'une faveur si méritée. Enfin, toutes ces ressources aussi bien comprises que bien employées par nos industriels lyonnais, ont placé nos moires antiques hors de tout concours. L'Angleterre même, qui lorsqu'elle ne nous égale pas pour les moires ordinaires nous rapproche toujours de très-près, l'Angleterre n'a rien donné en moire antique qui puisse être comparé à notre exhibition.

La moire antique est maintenant non seulement une nouveauté, mais encore une étoffe de nécessité pour nos fabriques.

Un genre où sans contestation possible les fabriques lyonnaises dominent, est le genre satin. Tous ceux que nos industriels ont exposés, depuis les plus légers jusqu'aux plus forts, tous étaient dans les dernières limites du beau. Cette étoffe, si flatteuse déjà d'elle-même, puisait un nouvel éclat dans les teintes variées dont le tissage spécial de ce genre fait si bien ressortir la finesse.

Outre que nos collections de satins étaient nombreuses et complètes, ce qui, eu égard à leur bonne fabrication, leur assurait un rang unique, aucune autre puissance n'a pu se rapprocher du nombre infini de nos nuances fondues du blanc le plus pur au noir le plus parfait. Une seule pièce, comme nous l'avons dit, se rapprochait des nôtres, c'était celle offerte par la Suède.

Il serait plus difficile encore d'établir un rapprochement entre les envois velours unis des autres puissances, et les envois même genre de nos fabriques : l'immense différence qui existe dans cette spécialité entre nous et nos voisins, nous exempte de toute comparaison ; qu'il nous suffise de dire que le visiteur le plus exigeant s'est trouvé cette fois surpassé de beaucoup.

Les peluches des fabriques lyonnaises marchaient les égales des autres articles, et rivalisaient par leur fini et leurs belles nuances tout ce que la Prusse nous avait envoyé en ce genre; les peluches noires seulement avaient à lutter contre celles de mêmes nuances nous venant de l'Allemagne.

L'article qui a subi l'épreuve la plus terrible est sans contredit le taffetas. Tous nos rivaux, du reste, nous font une guerre acharnée dans ce genre d'étoffe : et bien que jusqu'à présent les fabriques françaises se soutiennent honorablement, on ne doit pas moins reconnaître que notre supériorité devienne quelquefois douteuse. Si nous n'avions pas à notre aide l'excellence de nos teintures, nous aurions été égalés par plusieurs de nos concurrents. La nation contre laquelle nos industriels ont le plus à se sauvegarder est la Suisse. Dans les taffetas légers surtout sa concurrence peut nous devenir nuisible : plus d'une fois déjà les fabrique suisses nous ont montré jusqu'à quel point elles étaient à craindre. C'est donc avec raison que l'on peut réveiller l'attention de nos fabriques, si elles ne veulent pas un jour voir ce genre leur faire défaut, et si elles veulent maintenir notre industrie dans tous les genres au rang qu'elle occupe aujourd'hui.

CONCLUSION.

Nous nous sommes engagés, en faisant la revue de l'Angleterre, à parler d'une manière spéciale de deux métiers à tisser inventés par les industriels de ce pays : ces deux objets d'art méritent en effet de ne pas rester en oubli, car ils offrent assez d'intérêt. Inutile de dire que la vapeur les fait mouvoir. Le premier de ces métiers est un métier à tisser des tableaux à deux lacs. Il a deux pièces à la fois séparées l'une de l'autre par un vide de 25 à 30 centimètres. Chaque pièce a ses

*

deux navettes. Chaque pièce a sa mécanique en 700. Un seul battant sert au tissage général et contient pour chaque pièce une double boîte pour les navettes.

L'étoffe a 8 centimètres de large. Le montage du métier est un montage très-ordinaire; les deux mécaniques sont adossées l'une à l'autre et ont chacune leur dessin qui représente sur chaque pièce le portrait de la Reine d'Angleterre et celui de l'Empereur des Français, avec cette légende au bas : DIEU BÉNISSE L'ALLIANCE.

La fabrication de l'étoffe était très-bonne : ce qui avec un métier pareil est un grand mérite.

Le second métier à vapeur était pareillement un métier de façonné, article brillantine, monté à tringles, ayant une mécanique de 400 crochets et trois fils au maillon.

Ce métier diffère du montage ordinaire en ce que la mécanique est tournée en travers, c'est-à-dire que le cylindre fait face à l'arrière train du métier, sur lequel les cartons peuvent s'étendre, ce qui en facilite le placement. Quant à la pièce qui était sur ce métier, elle était assez mal fabriquée, pour me faire croire que cette invention était nulle, pour ne pas dire impraticable.

L'Autriche a également exposé une mécanique à la Jacquard dont les crochets sont en bois. Cette mécanique en 600 crochets peut représenter et fonctionner comme une en 1200.

Un premier crochet est parfaitement adhérent à un second qui a en longueur 5 centimètres de plus. Par le moyen de deux griffes superposées et mues par un élastique qui les fait jouer, les crochets peuvent travailler séparément ou ensemble. Ce système d'ailleurs est le même que celui inventé par notre compatriote Ronz, et qui dans l'avenir pourra apporter de grandes modifications de mécanisme et être employé avec utilité.

C'est là à-peu-près en mécanisme concernant la fabrique, tout ce qu'il y avait de plus important. Ma tâche maintenant est donc terminée, mes engagements sont tenus. J'ai analysé, aussi bien qu'il m'a été possible de le faire, tous les produits industriels en soierie. Mon appréciation, qui je l'espère paraîtra juste, est à coup sûr exempte de tout esprit de partialité.

Chacun maintenant peut mesurer le point d'élévation que chaque nation a su se donner. Comme cela devait être, on a vu que la France en industrie comme en civilisation occupe le rang suprême : et cependant tout n'est pas encore dit sur le sort que réserve l'avenir à nos fabriques. Le passé impose l'avenir ; et nul doute qu'en dépit de la perfection présente de nos fabriques, elles aient encore à subir des améliorations qu'on sait devoir être, sans les pouvoir préciser.

Mais je crois que le progrès, si rapide qu'il soit, se manifesterait plus promptement encore, sans de vieux préjugés, des erreurs déplorables, qui existent malheureusement, et dont la vérité n'a pu jusqu'à présent faire justice.

Je veux parler de cette espèce de suspicion, de doute, de mauvaise intelligence qui existent entre la généralité des chefs d'atelier et des fabricants.

Ces deux corps s'observent sans cesse. Chacun a la conviction d'être victime de l'autre.

Le fabricant croit que l'ouvrier le dupe en employant des moyens illégaux et véritablement condamnables, pour faire rendre aux matières qui lui sont confiées un poids impossible quelquefois.

Le chef d'atelier, de son côté, croit souvent être trompé par le fabricant, soit sur le poids réel des matières qu'on lui confie, soit sur l'aunage des pièces qu'il rend, soit sur les déchets qu'on lui doit accorder et dont il ne jouit pas selon lui.

Nier totalement ces faits, serait peut-être avoir trop de hardiesse; mais s'ils existent, ils sont en assez petit nombre pour que ni d'une part ni de l'autre on puisse s'incriminer avec quelque fondement de raison.

Ma conviction sincère est que la position même du fabricant le met dans la nécessité de rejeter de semblables moyens, de même que le bon sens doit rejeter bien loin une pareille idée de la part du chef d'atelier.

Cependant, comme je l'ai dit, le doute et la mauvaise intelligence n'en existent pas moins entre le fabricant et le chef d'atelier.

Si ce n'est pas là une pierre fatale d'achoppement pour le progrès, cet état de chose n'en est pas moins un empêchement sérieux; et je crois que celui qui saurait trouver un remède à ce mal rendrait un signalé service à nos classes industrielles et laborieuses.

Plusieurs moyens, selon moi, pourraient naître et obtenir ce résultat : mais sans vouloir en imposer aucun, qu'il me soit permis d'émettre une simple idée.

La pensée commune de mauvaise foi ne

tomberait-elle pas d'elle-même devant un établissement fondé par qui de droit, où chaque fabricant, chaque chef d'atelier, auraient la faculté dans tous les cas douteux d'aller faire reconnaître, celui-là ce qu'il reçoit, celui-ci ce qu'on lui rend.

Ce contrôle, sans appel possible ni d'une part ni d'autre, jouirait de deux avantages bien précieux : celui d'abord d'éloigner du Conseil des Prud'hommes bien des causes qui n'y paraissent que pour l'hilarité et quelquefois la honte commune, ensuite de convaincre les deux parties que le plus souvent le défaut de s'entendre engendre seul des chicanes attribuées malheureusement à la mauvaise foi.

Par ce moyen, ce me semble, tout préjugé, toute erreur, disparaîtraient bientôt, pour faire place à une respectueuse sympathie, qui, rapprochant naturellement les deux corps, leur permettrait de mieux s'entendre, et de marcher dans l'avenir en unissant leurs forces.

Un premier pas déjà a été fait : des fabricants recommandables n'ont pas voulu jouir seuls des honneurs que l'exhibition de leurs étoffes leur avait mérités.

Plusieurs, peu jaloux d'une gloire qui d'ailleurs ne leur appartenait pas toute entière, ont pris la noble initiative de désigner eux-mêmes les ouvriers qui par leurs connaissances en fabrique et leur main-d'œuvre avaient le plus contribué à leurs succès, pour que des récompenses honorifiques leur soient allouées.

Comme tout ce qui est généreux, une conduite aussi louable trouvera des imitateurs; et tout en servant d'encouragement aux classes laborieuses, jettera les premiers germes de cette entente qui, on n'en peut douter, dotera l'avenir de chefs-d'œuvre en fabrique, dont ceux que nous avons pu admirer à l'Exposition ne sont que les avant-coureurs.

BIBLIOTHÈQUE IMPÉRIALE IMPR.

FIN.

TABLE.

BIBLIOTHÈQUE IMPÉRIALE IMPR.

www.ingramcontent.com/pod-product-compliance
Ingram Content Group UK Ltd.
Pitfield, Milton Keynes, MK11 3LW, UK
UKHW020305220726
13923UKWH00003B/1010

9 782329 072135